Sandra Waldermann-Scherhak

W0087445

DAS HERZ RESONANZ PRINZIP

Empfange, was in deinem Herzen wohnt

Schirner
Verlag

ISBN 978-3-8434-5098-0

Sandra Waldermann-Scherhak:
Das Herzresonanz-Prinzip
Empfange, was in deinem Herzen wohnt
© 2014 Schirner Verlag, Darmstadt

Umschlag & Layout: Simone Leikauf,
Schirner, unter Verwendung von
150788165 (gst) und # 125233403
(art marta), www.shutterstock.com
Lektorat: Dirk Grosser
Redaktion & Satz: Claudia Simon,
Schirner
Printed by: ren medien, Filderstadt,
Germany

www.schirner.com

1. Auflage Oktober 2014

Inhalt

Widmung...5

Das Herzresonanz-Prinzip – Empfange, was in
deinem Herzen wohnt..6

Mein Herzenswunsch an dich.................................8

Vorwort...12

Einleitung...18

Warum Menschen nach der Weisheit ihres
Herzens streben...22

Welche Fähigkeiten unserem Herzen innewohnen....24

Ein befreites Herz führt uns zu Selbstliebe und
Mitgefühl..26

Das Gesetz der Resonanz verstehen und anwenden....28

Die Erfüllung unserer Herzwünsche.....................32

Wie du das Herzresonanz-Prinzip für dich anwendest....36

23 Herzschlüssel zeigen dir, wie du deine
Herzenergie aktivierst...38

Herzschlüssel 1: Verwandle deinen Wunsch in
deinen Willen..40

Herzschlüssel 2: Die Grenzen des Geistes überwinden....42

Herzschlüssel 3: Neugier auf das Leben entwickeln....44

Herzschlüssel 4: Erfahrungen bieten Chancen zu
mehr Wachstum..46

Herzschlüssel 5: Sei mutig und bereit, ein
Risiko einzugehen...48

Herzschlüssel 6: Entwickle deine Intuition............51

Das Herzresonanz-Prinzip für Berufung & Bestimmung....53

Herzschlüssel 7: Erkenne deine Vollkommenheit....55

Herzschlüssel 8: Richte dich auf die Liebe in dir
selbst aus..57

Herzschlüssel 9: Widme dich der Weisheit
deines Herzens..60
Herzschlüssel 10: Aktiviere deine Schöpferkraft....................62
Herzschlüssel 11: Schaffe dir ein Bewusstsein 64
Herzschlüssel 12: Ermächtige dich selbst, und nutze
deine Macht positiv..66
Das Herzresonanz-Prinzip für Wohlstand & Erfolg 69
Herzschlüssel 13: Löse dich von deinen Ängsten,
und entwickle Vertrauen..71
Herzschlüssel 14: Pflege eine liebevolle Beziehung zu
dir und anderen 73
Herzschlüssel 15: Entdecke deine Neugier und Freude
auf das Leben 75
Herzschlüssel 16: Erlaube dir, dich selbst zu lieben...............77
Herzschlüssel 17: Lasse Dankbarkeit ein Teil deines
Leben werden 79
Herzschlüssel 18: Sei bereit, Vergebung zu erfahren 82
Das Herzresonanz-Prinzip für Beziehungen & Liebe 85
Herzschlüssel 19: Erfülle dir einen Kindheitstraum 87
Herzschlüssel 20: Werde wahrhaftig, und zeige dich,
wie du bist 90
Herzschlüssel 21: Entdecke dein kreatives Selbst..................93
Herzschlüssel 22: Nähre dein Inneres Kind 96
Herzschlüssel 23: Den Sinn des Lebens erkennen..................99
Das Herzresonanz-Prinzip für Gesundheit & Heilung...........101
Nachwort..104
Danksagung..108
Die Autorin...110

WIDMUNG

Diese Buch ist allen Menschen gewidmet, die den Wunsch in sich tragen, der *Weisheit ihres Herzens* zu folgen.

Das Herz ist das Zentrum unserer uns innewohnenden Kraft.

Wenn du deine *eigene Vollkommenheit* erkennst und *Vertrauen* und *Hingabe* in das Leben entwickelst, kannst du augenblicklich im *Einklang* mit der *natürlichen Ordnung* leben.

Alles geschieht zur richtigen Zeit, am richtigen Ort und mit den richtigen Menschen.

Wir alle sind eins. Fühle deine Verbundenheit zu allem, was ist, und erfreue dich täglich daran.

Du bist ein wichtiger Teil des Ganzen.

Nimm die vollständige Kraft deines Herzens in Anspruch, erlaube dir, *zu leben und zu lieben – jetzt!*

Das Herzresonanz-Prinzip

Empfange, was in deinem Herzen wohnt

Wenn du etwas wirklich
von Herzen willst,
dann wird es zu dir kommen –
wenn auch vielleicht nicht dann,
wenn du es erwartest.
Aber sei gewiss,
es kommt zu dir
zum richtigen Zeitpunkt,
dann, wenn es
dem göttlichen Plan entspricht.

Alles, was du tun kannst,
ist, die richtigen
Voraussetzungen zu schaffen,
um es wirklich zu empfangen.

Darum öffne dich und dein Herz,
befreie dich von allen Begrenzungen,
übernimm die volle Verantwortung
für alle deine Gedanken,
Gefühle und Handlungen.

Sei zweifelsfrei,
bleibe vertrauensvoll,
und sei bereit,
die Geschenke des Universums
in Liebe zu empfangen.

Du erhältst das, was du gibst!
Daher wünsche stets allen
anderen Lebewesen nur das Beste.
Lasse dein Herz sich
an ihrem Wohlergehen erfreuen.

Du bist ein wichtiger Teil
der Schöpfung,
einzigartig und wunderbar!
Erkenne, welche machtvolle Wesenheit
du in Wahrheit bist.

Mein
Herzenswunsch
an dich

Lasse dich von den Texten und den Anleitungen tief im Herzen berühren, denn sie möchten dich dazu anregen, eine neue Ausrichtung zu finden. Du bist dazu eingeladen, alle deine Vorstellungen, Visualisierungen, Absichten, Wunschträume und auch deine Gedanken, deine Worte und die daraus entstehenden Gefühle und Handlungen anzuschauen, um sie nachhaltig zu verändern. Du wirst sehr schnell bemerken, dass damit ein wunderbarer innerer Wandlungsprozess beginnt und die Begegnungen mit deinen Mitmenschen zunehmend liebevoller und freier werden, einfach weil du dir selbst näherkommst und lernst, dich so anzunehmen, wie du bist.

Wenn du bereit bist, dein Herz vollständig zu öffnen, wirst du das Göttliche in dir selbst finden und erst dann auch das Göttliche im anderen begrüßen können. Die »Neuwerdung«, die jeder erfahren kann, sofern er sich darauf einlässt, ist ein tief gehender, heilender Wandlungsprozess, durch den dein neuer und wahrer Weg klar für dich sichtbar wird. Inneres Wachstum und Verbundenheit mit dem großen Ganzen und mit anderen Wesen sind die Geschenke, die daraus entstehen. Erkenne: Du bist nicht alleine, wir alle sind eins, und wir bedingen einander – zu jeder Zeit. Wenn du dich wandelst, dann wandelst du die Welt. Mache dir diese

Tatsache immer wieder bewusst, und nutze die Chance, dein Leben so zu gestalten, dass es dein Herz beglückt.

Möge auch dich die starke und transformative Kraft der Neuen Zeit jetzt in deinem persönlichen Entwicklungsprozess unterstützen, damit du dich zu deiner vollen Größe entfaltest, deine wahre Berufung findest und die Bestimmung deiner Seele auf der Erde leben und verwirklichen kannst.

Mein Herz grüßt dein Herz.

Vorwort

Seit der großen Zeitenwende vom Jahr 2012 auf das Jahr 2013 hat sich das Energieniveau der Erde spürbar verändert. Die Energien sind noch intensiver und stärker spürbar geworden, und jeder von uns darf jetzt die Erfahrung machen, dass sich alle unsere Absichten und Wünsche, aber auch unsere Zweifel, Ängste und Befürchtungen um ein Vielfaches schneller manifestieren als je zuvor. Es ist ganz gleich, ob es etwas Positives ist, das wir aus ganzem Herzen ersehnen, oder ob es etwas ist, was wir zutiefst ablehnen oder verdrängen. Nur das kann zu uns kommen, was wir aussenden. Daher ist es so wichtig, sich voll und ganz darauf auszurichten, was wir möchten, und nicht auf das, was wir nicht möchten.

Immer mehr Menschen öffnen sich für unerklärliche Dinge. Es ist zunehmend unwichtiger geworden, Beweise für irgendwelche Phänomene zu suchen, weil wir immer deutlicher spüren, dass es mehr zwischen Himmel und Erde gibt, als die Wissenschaft zu beweisen vermag. Viele Menschen haben in ihrem Leben die Erfahrung gemacht, dass etwas existiert, auch wenn man es nicht sehen oder anfassen kann. Diese Tatsache lässt uns jedoch nicht erschrecken oder ist beängstigend, nein – ganz im Gegenteil: Sie birgt für uns alle die große Chance, alles verändern zu können, wenn wir aufhören, Lösungen nur mit dem Verstand zu suchen, und bereit sind, über die Begrenzungen unseres Geistes hinauszuschauen. Dazu gehört, dass wir akzeptieren, dass wir mit unseren Gedanken auch stetig Energie aussenden, die dann auch beim Empfänger ankommt. Das beste Beispiel dafür, das wahrscheinlich jeder von uns kennt, ist das Phänomen, dass man an eine bestimmte Person denkt und diese sich nach kurzer Zeit meldet. Die Energieanhebung, die auf der Erde stattfindet, beschleunigt diese Vorgänge immens, und so ist die Zeitspanne, die zwischen unseren Gedanken und dem aus ihnen hervorgehenden Resultat liegt, heutzutage deutlich kürzer als noch vor ein oder zwei Jahren. Das bedeutet, dass Gedanken, die wir aussenden, sich nun noch viel schneller manifestieren können als bislang. Alle unsere Absichten, Wünsche und Ziele können jetzt um ein Vielfaches schneller in die Realität umgesetzt werden. Meines Erachtens liegt das darin begründet, dass ein großer Teil der Menschheit sehr stark an der Auflösung alter Verletzungen und Blockaden gearbeitet hat. Wenn jeder Einzelne seine Blockaden auflöst und neue Energie in sich freisetzt, hat das natürlich auch eine Wirkung im Außen, auf das Kollektiv. So konnte in den letzten Jahrzehnten sehr viel gebundene Energie auf der Erde wieder freigesetzt werden.

Viele Menschen haben für sich erkannt, dass es wichtig ist, sich endlich von alten Vorstellungen, nicht mehr dienlichen Mustern und überholten Strukturen zu lösen. Sie haben erkannt, dass emotionale Blockaden wie Selbstzweifel, Ängste und emotionaler und sozialer Rückzug sie schon viel zu lange klein und begrenzt gehalten haben und sie somit ihre Selbstentfaltung und Selbstverwirklichung verzögert oder gar verhindert haben. Diese Menschen haben verstanden, dass sie imstande sind, alles in ihrem Leben zu verändern, sie wissen, dass die Voraussetzungen dazu *Bewusstsein, Eigenverantwortung* und *Liebe* sind. Da immer mehr Menschen bereit sind, an sich zu arbeiten, hat sich in den letzten Jahren auch das kollektive Bewusstsein immens erweitert. Eben dadurch konnte eine erhebliche Menge Energie auf der Erde freigesetzt werden, die uns allen zur Verfügung steht, um sie zum Wohle aller zu nutzen.

Alle Menschen dürfen lernen, aus ihrem Herzen heraus zu leben – aus der Liebe und der Freude, die sie zutiefst sind. Es ist vorgesehen, dass wir die Kraft unseres Herzens zu gebrauchen lernen und die *Wahrheit* und die *Fähigkeit zur Liebe,* die ihm innewohnen, entdecken und entfalten. Es ist vorgesehen, dass jeder Mensch, der auf der Erde lebt, sein Licht und seine Liebe in all ihrer ursprünglichen Kraft zeigen darf. Denn nichts macht einen Menschen zufriedener und glücklicher, als der zu sein, der er ist! Wirklich zu verkörpern, wer oder was man wahrhaftig ist, das ist der Weg des Herzens. Diese erfüllende Daseinsform schenkt uns ein Leben in Liebe, Gesundheit, Freiheit und bringt uns Glück, Erfolg und Fülle auf allen Ebenen unseres Seins.

Die Erde als große, lebendige Seele darf sich endlich von dem alten Bewusstsein frei machen und in ein neues Bewusstsein eintauchen. Sie möchte aufblühen und lädt dazu ein, dass wir Menschen unser ***Herzbewusstsein*** entdecken und die Kraft finden, unser Herz zu öffnen. Eine Zeit, in der wir Krisen erleben, birgt zugleich immer auch neue Möglichkeiten und neue Chancen zur Wandlung. In genau dieser Zeit des Umschwungs und der globalen Transformation haben Menschen, die aus dem Herzen leben, eine große Bedeutung.

Möge die gesamte Menschheit und mögen alle anderen Lebewesen der Erde stets glücklich, gesund und in Freiheit und Frieden in liebevoller Gemeinschaft zusammenleben.

Einleitung

Wir erzeugen täglich unzählbar viele Gedanken und Gefühle, die nichts anderes als eine Form von Energie bilden. Alles, was in uns ist, hat eine Entsprechung im Außen und gerät somit, wenn es auf andere Energien trifft, automatisch in eine Wechselwirkung. Alle unsere Gedanken und Gefühle werden somit zur Realität, egal, ob sie positiv oder negativ sind – und auch dann, wenn sie uns gar nicht wirklich bewusst sind. Daher ist es so wichtig, dass wir uns stets klarmachen, was wir denken und fühlen. Nur im bewussten Zustand können wir Einfluss nehmen auf das, was uns geschieht und was wir erleben.

Um unsere Visionen, Wünsche und Träume Realität werden zu lassen und das zu empfangen, was uns und unserem geistigen, seelischen und *spirituellen Wachstum* dient, reicht jedoch die Kraft der Gedanken alleine nicht aus. Das, was wir außerdem noch dazu brauchen, ist unser spirituelles Herz, denn es funktioniert wie ein Magnet. Unser Herz ist kraftvoll und arbeitet wie ein Verstärker. Wenn wir uns die Kraft und die Weisheit unseres Herzens bewusst machen und ihm wieder seine volle Macht gewähren, können wir seine Anziehungskraft nutzen, um uns und unsere Realität wahrhaftig zu verändern! Du kannst schon während des Lesens dieses Buches damit beginnen, Kontakt zu deinem Herzen herzustellen: Stelle sicher, dass du zu jedem Wort, das du hier liest, auch das entsprechende Gefühl wahrnehmen kannst – denn erst wenn es dir gelingt, deine Gedanken und deine Gefühle in Einklang zu bringen, hast du alles, was du brauchst, damit sich dein Leben in die Richtung entwickelt, die du dir wünschst.

Es gibt Menschen, die das *Herzresonanz-Prinzip* unbewusst anwenden und Glück und Erfolg erfahren, auch wenn sie vielleicht zuvor noch nie etwas vom Gesetz der Anziehung gehört haben. Was aber ist mit den Menschen, die ihren Lebensträumen hinterherlaufen und in vielen Bereichen ihres Lebens dauerhaft unglücklich und erfolglos sind? Sicherlich gibt es viele Bücher, die uns erklären, wie man seine Wünsche und Ziele manifestiert, mittels Kraft und Macht der Gedanken die Materie verändert und neue Realitäten erschafft. Und für die Vielzahl der Menschen, bei denen es nicht funktioniert, gibt es dann wiederum Bücher, die zu vermitteln versuchen, die anfänglichen Misserfolge doch noch in Glück und Zufriedenheit verwandeln zu können. In zahlreichen Gesprächen mit Menschen, die es vergeblich versucht haben, ist mir aufgefallen, dass sie zwar das Gesetz der Anziehung verstanden haben, aber Probleme damit haben, dieses Wissen in die Tat umzusetzen, sprich dementsprechend zu handeln. Meinen eigenen Erfahrungen nach zu urteilen, reicht das Wissen alleine jedoch nicht aus, wenn wir Wünsche und

Visionen realisieren wollen. Was wir oftmals völlig vergessen und außer Acht lassen, ist das Herz, das machtvollste Zentrum der Schöpferkraft. Erst wenn wir mit der Kraft unseres Herzens anstatt mit dem bloßen Verstand unsere Wünsche erschaffen und bejahen, haben unsere Visionen auch die Chance, Realität zu werden.

Nimm dir Zeit, werde im Geiste still, und lausche der Stimme deines Herzens. Höre auf die Botschaften deiner Seele, und sei frei in deinen Entscheidungen. Lebe deine Visionen, gehe stets deinen eigenen Weg, und sei, wer du in Wirklichkeit bist.

Warum Menschen
nach der Weisheit ihres Herzens streben

Die Energie der Neuen Zeit hat einen großen Teil der Menschheit dazu bewegt, sich gezielt auf das Positive auszurichten. Die Menschen sehnen sich nach *Liebe, Frieden, Freude, Harmonie, Glück, Gesundheit, Wohlstand* und *Erfolg.* Somit haben die meisten diese wichtige Zeitenwende als Chance verstanden. Sie haben den Energiewandel genutzt, um achtsamer zu leben und sich bewusst zu machen, was sie wollen, anstatt sich damit zu beschäftigen, was sie nicht wollen. Es ergibt keinen Sinn, immer nur auf das zu schauen, was augenscheinlich alles noch nicht in Ordnung ist, nicht perfekt erscheint oder was fehlt. Vielmehr dürfen wir immer wieder den Blick freudvoll auf das richten, was alles schon gut ist, und das, was an Gutem bereits erreicht wurde.

Immer mehr Menschen »erwachen« immer mehr. Sie wollen jetzt genauer hinschauen, mehr wahrnehmen, und das hat auch das Verlangen nach der *Wahrheit der Seele* und der *Weisheit des Herzens* erweckt. Durch die Energieanhebung können Wahrheiten erheblich schneller ans Licht kommen, egal, in welchem System, ob in der Politik, der Wirtschaft, den Banken, in der Lebensmittelindustrie oder in anderen Bereichen, die unser aller Leben berühren. Alles Verborgene und Verdrängte kommt nun ans Licht, damit es endlich erkannt, gewandelt und geheilt werden kann. Denn letztlich kann nur Bewusstheit eine Transformation bewirken. Alte und nicht mehr dienliche Strukturen und Muster können sich somit zum Wohle aller endlich verändern.

Welche Fähigkeiten
unserem Herzen
innewohnen

Nur wenn wir etwas von ganzem Herzen tun, hat es wahre Kraft und beschenkt uns mit Glück, Freude und Erfolg. In der vom Verstand dominierten Welt dürfen wir wieder lernen, auf unser Herz zu hören, es zu öffnen und uns mit der Kraft unseres Herzens in der Gemeinschaft, in der wir leben und arbeiten, einzubringen.

Unserem Herzen wohnen so kostbare Qualitäten inne. Sind wir unserem eigenen Herzen nah, können wir *Achtsamkeit, Liebe, Dankbarkeit, Güte, Wohlwollen, Freiheit, Wahrhaftigkeit, Hingabe, Mitgefühl, Eigenverantwortung, Vergebung, Frieden* und die *Kraft zur Selbstheilung* erfahren.

In meinem Buch »Hand auf dein Herz« gehe ich noch näher auf die zwölf Qualitäten des Herzens ein. Die darin enthaltenen Texte und Übungen zeigen dir Wege auf, wie du deine Herzenergie Schritt für Schritt im alltäglichen Leben aktivieren kannst. Wenn du dich liebevoll zur Weisheit deines Herzens tragen lässt, findest du dort das Gefühl von tiefem Frieden und innerer Freiheit.

Ein befreites Herz

führt uns zu Selbstliebe und Mitgefühl

Sobald wir unser Herz öffnen, werden wir aufhören, uns selbst zu verurteilen. Dann werden wir auch aufhören, andere zu verurteilen. Wir erfahren das befreiende Gefühl der *Vergebung.* Wenn wir unser Herz öffnen und lernen, uns selbst wertzuschätzen, werden wir auch andere wertschätzen können. Wir erfahren das anerkennende Gefühl der *Wertschätzung.* Und erst wenn wir beginnen, uns wahrhaftig selbst zu lieben, können wir auch andere lieben. Es fängt immer in und bei uns selbst an! Dann erfahren wir das erfüllende Gefühl der *Selbstannahme,* das letztlich zur *Selbstliebe* führt.

Der Begriff Selbstliebe wird oft falsch verstanden. Er meint keinesfalls eine egozentrische oder gar narzisstische Haltung, in der wir nur noch auf uns selbst achten und die Gefühle und Bedürfnisse der anderen uns nicht interessieren. Es geht vielmehr um den mittleren Weg und die Balance zwischen uns und den anderen, denn durch die Entwicklung eines gesunden Mitgefühls mit mir selbst, kann ich auch erst Mitgefühl für andere entwickeln. Wahre Selbstliebe und Mitgefühl mit uns selbst sind daher die Grundvoraussetzungen, um gesunde Beziehungen zu erleben.

Das Gesetz der Resonanz

verstehen und anwenden

Das Resonanzgesetz gilt generell für alles, was existiert. Es wird oft auch als Gesetz der Anziehung bezeichnet und besagt, dass Gleiches wiederum Gleiches anzieht. Jeder von uns hervorgebrachte Gedanke und jedes erlebte Gefühl ziehen ähnliche oder gleichwertige Gedanken und Gefühle an. Dieser Annahme liegt die Überzeugung zugrunde, dass wir mit unseren Gedanken und Gefühlen ein Schwingungsfeld erzeugen. Wir können es uns so vorstellen, als würde unsere Energie wie ein Verstärker oder wie ein Magnet funktionieren. Alle Schwingungen, die wir erzeugen und aussenden, rufen innerhalb unseres Resonanzfeldes eine Wirkung hervor. Das, was wir im Außen empfangen, kann nur eine Resonanz auf das sein, was in unserem Inneren schwingt. Dabei ist es ganz egal, ob uns das, was wir in uns tragen, bewusst oder unbewusst ist. Die Anziehung funktioniert auf jeden Fall. Aus diesem Grund ist es ungeheuer wichtig, dass wir uns alles bewusst machen, unsere inneren Abläufe erkennen, ansonsten läuft der »Autopilot«, wir bekommen es gar nicht mit und haben dann auch kaum eine Möglichkeit, das Steuer zu übernehmen.

Die größten Denker der Geschichte, dazu zählen u.a. Beethoven, Hugo, Lincoln, Newton, Platon, Emerson, Edison und Einstein, werden von vielen Menschen als Anwender des Gesetzes der Anziehung gesehen und wussten, warum und wie dieses Gesetz funktioniert.

Sie alle wussten, dass sie ihre eigene Realität verändern konnten, wenn sie den physikalischen Gesetzmäßigkeiten des Universums folgten. So schafften sie es, auch undenkbare Wünsche wahr werden zu lassen – Dinge, bei denen wir eher von Wundern sprechen.

Die Anwender dieses Gesetzes betrachten »Die sieben Gesetze der Hermetik« als dessen Grundlage. Wohl kaum eine andere Lehre ist so streng gehütet worden wie die hermetischen Gesetze. Als Begründer dieser Philosophie wird Hermes Trismegistos genannt, der sich als ägyptischer Meister u.a. mit der Alchemie und der Astrologie befasste. Doch warum war diese Lehre nur bestimmten Menschen zugänglich? Warum kannten nur wenige Auserwählte diese Wissenschaft des bewussten Erschaffens? Den Eingeweihten war nie an öffentlicher Anerkennung oder einer großen Anhängerschaft gelegen. So gaben sie ihr Wissen stets nur an jene weiter, von denen sie meinten, dass sie für die Wahrheit bereit waren und ihren Wert erkennen konnten. So steht es im Kybalion, einem Buch über die hermetische Lehre, das zu Beginn des 20. Jahrhunderts veröffentlicht wurde, geschrieben: »Die Lippen der Weisheit sind verschlossen, ausgenommen für die Ohren des Verstehens.«[*]

[*] William Walker Atkinson: Kybalion. Die 7 hermetischen Gesetze. Das Original. Aurinia Verlag, Hamburg 2007

Heute gibt es zahlreiche Bücher zu diesem Thema, wie z. B. »The Secret« von Rhonda Byrne oder »The law of attraction« von Esther und Jerry Hicks. Diese Bücher zeigen, dass Menschen, die nach dem Gesetz der Anziehung leben, ihre Visionen und Wünsche – durch ihre bewusste und gezielte Aufmerksamkeit – verwirklichen können. Das Resonanzgesetz wird somit als Bewusstseinswerkzeug oder als Manifestierungstechnik eingesetzt, mit dessen Hilfe man sein Leben nach seinen Wünschen und Vorstellungen gestalten kann. Oft wird auch ein Zusammenhang zur Quantenmechanik angenommen, die ebenso physikalische Gesetzmäßigkeiten betrachtet und besagt, dass sich Materie allein schon durch unsere bewusste Beobachtung beeinflussen und verändern lässt.

Die Erfüllung
unserer Herzwünsche

Wir sprechen meistens von *Herzenswünschen,* wenn es sich um Wünsche handelt, die in unserem Herzen leben und die wir nicht aus der Sicht des Verstandes betrachten. Es sind solche Wünsche, die mit einer tiefen Sehnsucht in uns einhergehen, bei denen uns beim Gedanken an sie warm ums Herz wird. Wir wissen, dass es uns zutiefst glücklich machen würde, wenn sie wahr werden würden.

Herzenswünsche können in Erfüllung gehen, weil unser Herz ein kraftvolles Energiefeld erzeugt, das wie ein Magnet funktioniert und alles in unser Leben zieht, was sich unser Herz erhofft, wünscht und ersehnt. Aber was nützen unser gesamtes Wissen, unser Potenzial und alle unsere Herzenswünsche, wenn wir sie zwar tief in uns tragen, aber auch immer noch ein WENN, ein ABER, ein VIELLEICHT oder ein EIGENTLICH mit diesen Wünschen verbunden ist? Es sind immer der Zweifel und die Unsicherheit, die die Erfüllung unserer Herzenswünsche verhindern. Wenn wir nicht wirklich fest davon überzeugt sind, dass unser Herzenswunsch wahr werden wird, dann wird er auch nicht in Erfüllung gehen. Denn auch das Prinzip der Resonanz besagt: Wie innen, so außen.

Wir alle besitzen diese Anziehungskraft des Herzens und haben auch das Recht, uns dieser Kraft zu bedienen. Das Herz zu öffnen und auf alle Zeichen und Signale zu achten, die das Herz uns sendet, ist alles, was wir tun müssen. Mit Leichtigkeit gelingt es uns dann, aus der Weisheit und der Kraft des Herzens heraus zu handeln. Wenn wir die Absicht unseres Herzen kennen, können wir unsere Herzenswünsche erfüllen – indem wir uns selbst befreien und dazu ermächtigen, alles zu empfangen, was unserem Herzen wahrhaftig entspringt.

Achte darauf, dass du zu jedem Herzenswunsch, den du aussendest, immer auch das entsprechende positive Gefühl entwickelst – denn deine Gedanken und deine Gefühle zu verbinden, das ist die »geheime Zutat«, um alles, was dir entspricht, zu empfangen.

Wie du das
Herzresonanz-Prinzip
für dich anwendest

Bitte beantworte dir selbst im Vorfeld die folgenden Fragen:

- *Kennst du viele Menschen, die ihre Herzenswünsche verwirklicht haben?*
- *Wenn ja, weißt du, wie sie das gemacht haben?*
- *Haben sie dir verraten, wie sie es geschafft haben?*
- *Führst du das Leben, das du dir aus tiefstem Herzen wünschst?*
- *Kennst du alle deine Herzenswünsche?*

Wenn du nahezu alle Fragen mit Nein beantwortet hast, dann gehe ich davon aus, dass du – wie auch viele andere Menschen – zu denjenigen gehörst, die bereits versucht haben, ihre Herzenswünsche Wirklichkeit werden zu lassen, aber aufgegeben haben, weil es nicht funktionierte. Vielleicht hat dir aber auch noch niemand eine wirklich funktionierende Anleitung gegeben. Ich möchte dich jetzt dazu einladen, es auf meine Art und Weise, abseits von Theorien, Methoden und Manifestierungstechniken, zu probieren und einmal zu schauen, ob du der Kraft und der Weisheit deines Herzens sowie deinen Herzenswünschen näherkommst als bislang. Ich habe die Essenz dessen, was es braucht, um das zu empfangen, was in deinem Herzen wohnt, zusammengetragen und möchte dir gerne hier 23 Herzschlüssel überreichen.

23 Herzschlüssel

zeigen dir, wie du deine Herzenergie aktivierst

Warum sind es ausgerechnet 23 Herzschlüssel?

Menschen verschiedenster Kulturen und Religionen haben sich seit jeher mit der Bedeutung von Zahlen und ihren magischen Eigenschaften beschäftigt. Die interessanten Erkenntnisse der Numerologie können zwar nicht wie die Ergebnisse der Mathematik oder Physik bewiesen werden, aber dennoch spüren Menschen, dass von Zahlen eine besondere Wirkung ausgeht.

Die Zahl 23 erfreut sich in der Zahlensymbolik eines solchen Ruhmes wie kaum eine andere Zahl. Sie gilt als mystisch, bewusstseinsverändernd und das Wir-Bewusstsein fördernd. Die 2 gibt Hinweise auf die Fähigkeiten des Menschen und das Leben. Die 3 symbolisiert das Dreieck und steht für die Vereinigung der positiven Kräfte von Körper, Geist und Seele. Die Quersumme der 23 ist die 5. Das Pentagramm als Symbol der 5 gilt als Schutz vor dunklen Mächten, und in der Zahlenkabbalistik steht die 5 für die Freiheit.

Herzschlüssel 1:
Verwandle deinen Wunsch in deinen Willen

WILLENSKRAFT

Mein Wille ist nicht verhandelbar. Wenn er meinem Herzen statt meinem Ego entspringt, dann wird er sich auch erfüllen. Mein Wille geschehe – jetzt!

Mit dem Begriff »Wille« wird in der Psychologie die bewusste Handlungskontrolle des Verhaltens des Menschen durch ihn selbst definiert. Unser Wille dient als ein wichtiger Impuls, den wir zur Verwirklichung unserer Ziele nutzen. Etwas zu wollen meint das Vorhandensein eines Begehrens oder einer Sehnsucht nach etwas Bestimmtem.

Sehnsucht kommt immer aus unserem Herzen. Um ihr zu folgen, um angestrebte Ziele erreichen zu können, brauchen wir Willenskraft. Diese verleiht uns die Energie, um die notwendigen Schritte zu vollziehen. Wie stark ein Mensch an die Kraft seines Willens und an die Fähigkeit, sein Ziel zu erreichen, glaubt, hat grundlegend mit seinem Selbstwert und seinem Selbstbewusstsein zu tun. Ein bloßer Wunsch unterscheidet sich insofern vom Willen, dass der Mensch bei Letzterem selbst die Initiative ergreift – wogegen beim Wunsch die Erfüllung durch andere Menschen oder durch einen glücklichen Zufall geschieht. Etwas zu wollen bzw. einen Willen zu entwickeln, erfordert einen kreativen Prozess, weil zunächst einmal ein Ziel geistig erschaffen werden will. Wichtig ist, dass wir beim innerlichen Betrachten des Zieles auch emotional berührt werden. Denn erst wenn wir positive Gefühle mit dem Ziel verbinden, spüren wir, dass wir auch unser Herz »an Bord« haben, und entwickeln dadurch die nötige Ausdauer und Kraft, das Ziel zu erreichen, – und dann ist es uns auch egal, wann wir es erreichen werden. Der Wille ist stark und wirkt nachhaltig, wenn er Kraft aus dem Herzen schöpft.

Herzschlüssel 2:
Die Grenzen des Geistes überwinden

AUFMERKSAMKEIT

Es gibt nichts, was ich nicht sein kann; nichts, was ich nicht tun kann; nichts, was ich nicht erreichen kann. Ich kläre meinen Geist, öffne mein Herz und lenke meine Aufmerksamkeit auf das gewünschte Ziel.

Wenn wir Menschen gefragt werden, was wir wollen, dann können die wenigsten diese Frage spontan beantworten. Wenn wir aber gefragt werden, was wir nicht wollen, dann haben wir meist sofort eine Handvoll Antworten parat. Diese Fokussierung auf das Negative ist eine Beschränkung bzw. Begrenzung unseres Geistes. Oftmals entstehen Begrenzungen dadurch, dass wir an unseren Fähigkeiten zweifeln, dass wir nicht daran glauben, unsere Ziele tatsächlich erreichen zu können. Der Grund hierfür liegt meist in unserer Vergangenheit, in der wir emotionale Verletzungen erlitten haben. Bei einem heranwachsenden Kind ist die Entwicklung des Willens ein grundlegender Aspekt. Früher war man der Ansicht, dass der Wille eines Kleinkindes eingedämmt und begrenzt werden müsse. In einem alten Sprichwort heißt es: »Kinder, die was wollen, bekommen was auf die Bollen«. Heute wird ein Erziehungsstil, bei dem es Ziel ist, den Willen des Kindes zu brechen, weitgehend als überholt angesehen, da man erkannt hat, dass er der kindlichen Psyche Schaden zufügt. Auch im späteren Erwachsenenalter kann eine im Kindesalter entstandene Begrenzung immer noch wirken, solange sie nicht erkannt und bewusst aufgehoben wird.

Wenn wir die Begrenzungen unseres Geistes aufgeben, kann ein gesunder Wille entstehen und vom Herzen mit Gefühlen belebt werden, sodass er endlich gesehen und gelebt werden darf.

Befreie deinen Geist von negativen Gedankenmustern, und lasse aus der Kraft deines Herzens positive, lebensbejahende Gedanken in dir entstehen. Erschaffe Gedanken, die in dir ein gutes Gefühl erzeugen. Lenke deine Aufmerksamkeit auf das Ziel, das du erreichen möchtest. Dann fühle die Freude und die Dankbarkeit in deinem Herzen – so, als sei es bereits erreicht.

Herzschlüssel 3:
Neugier auf das Leben entwickeln

NEUGIER ENTWICKELN

Ich bin offen, folge meiner natürlichen Neugier und achte bei allem, was mir neu begegnet, darauf, was mein Herz dabei empfindet.

Neugier ist etwas sehr Wichtiges in unserem Leben, denn sie hilft uns, auf »Entdeckungsreise« zu gehen. Dennoch wird Neugier oftmals als negative, nicht tugendhafte Eigenschaft angesehen, die man sich besser abgewöhnen sollte. Neugier bedeutet, etwas über den anderen oder das Leben erfahren zu wollen, und das kann niemals schlecht sein. Entscheidend ist die eigene Haltung zur Neugierde und ob meine Motive negativ oder positiv sind. Grundsätzlich ist Neugier eine gute

Eigenschaft, die in erster Linie Interesse voraussetzt und uns Wachstum und Veränderung ermöglicht.

Viele Menschen, die einmal durch eine schwere Krankheit, einen Unfall oder einen anderen Schicksalsschlag dem Tod begegnet sind, sagen, dass sie dadurch wieder die Neugier auf das Leben gelernt haben. Dem Leben mit unbändiger Neugier zu begegnen, ist etwas so Wunderbares und Kraftbringendes! Menschen, die Neugier entwickeln, verlieren ihre Ängste und sind offen für Veränderung – sie sind dem Leben gegenüber optimistisch eingestellt und freuen sich darauf, neue Chancen und Möglichkeiten zu entdecken.

Wenn wir Neugier entwickeln, sind wir bereit, die Grenzen unseres Geistes und unser Herz zu öffnen. Wer neugierig auf das Leben ist, kann sich von alten Erfahrungen lösen und die Bereitschaft und Offenheit entwickeln, neue Erfahrungen zu machen. Wir sind wach und aufmerksam und können es kaum abwarten, dem Leben, den Menschen und allem, was existiert, mit Zuversicht und Freude zu begegnen. Wir können uns dabei immer wieder aufs Neue faszinieren lassen. Vielleicht hilft es dir, wenn du dich noch einmal wie ein Kind fühlst, wenn du Neues und Unbekanntes ausprobierst. Stelle dir vor, dass du beispielsweise fünf Jahre alt bist, und spüre die kindliche Neugier in dir. Du kannst diese Offenheit bei allem, was dir im Leben begegnet, empfinden. Erlaube dir jetzt, neugierig zu sein.

Herzschlüssel 4:
Erfahrungen bieten Chancen zu mehr Wachstum

WACHSTUM

*Die Aufgabe meiner Seele besteht
darin, mich aufzuwecken.
Ich vertraue der Energie
des Wandels. Die Quelle der
Veränderung bin ich selbst.*

Als Erfahrung gilt ein Erlebnis, das wir einmal hatten und anschließend als etwas Gutes oder etwas Schlechtes abgespeichert haben. Nicht jede Erfahrung können wir sofort verarbeiten. Manchmal bedarf es auch der Hilfe anderer, um mit einer Erfahrung fertig zu werden, damit sie rückblickend als sinnvoll und lebensweisend verstanden werden kann.

Im Laufe unseres Lebens machen wir viele Erfahrungen – diese formen uns zu der Person, die wir gegenwärtig sind. Betrachten wir unser Leben, sind alle Erfahrungen gewonnenes und erprobtes Wissen. Eine Erfahrung bietet uns immer die Möglichkeit, Erkenntnis zu erlangen und Einsicht zu erfahren. Daher sind Erfahrungen das beste Mittel, um spirituelles Wachstum zu erlangen. Wer offen und bereit ist, Erfahrungen zu machen, ermöglicht sich Chancen zum inneren und äußeren Wachstum, da hierbei wichtige Lernprozesse stattfinden dürfen. Wem es gelingt, alte Erfahrungen mit klarem Blick zu betrachten und Menschen und Begebenheiten nicht nach alten Maßstäben zu beurteilen, kann eine Sinnhaftigkeit darin erkennen und lernen, sie als hilfreich anzusehen. Wem es gelingt, bisherige Erfahrungen mit neuen Eindrücken anzureichern und ein besseres Verständnis für vergangene und aktuelle Situationen zu entwickeln, vermag Leid in Verständnis zu verwandeln. In dem erfahrenen Leid kann aufgrund der Einsicht und dem Erkennen einer Sinnhaftigkeit dann etwas Gutes wahrgenommen werden – in diesem Stadium kann dann wahre Heilung geschehen. Wir öffnen uns im Hier und Jetzt für etwas Neues, das noch in der Zukunft liegt. Daraus entsteht ein neues Interesse an dem, was die Welt Gutes für uns bereithält.

Herzschlüssel 5:
Sei mutig und bereit, ein Risiko einzugehen

MUT ZUM RISIKO

Ich vertraue mir und meinen Stärken und bin jetzt bereit, ein Risiko einzugehen – Kraft meines Herzens habe ich den Mut dazu.

Wenn wir zu schüchtern und zurückhaltend sind, laufen wir Gefahr, ein recht langweiliges Leben zu führen, das durch Routine und meist auch durch unerreichte Ziele gekennzeichnet ist. Mut bedeutet vor allem Offenheit für Neues und die Fähigkeit, sich Veränderungen zu stellen und nicht ängstlich im Althergebrachten zu verharren. Wer mutig ist, der trägt Kraft und Entschlossenheit in seinem Herzen. Mut hilft uns, den Weg, den wir als richtig erachten, auch zu gehen – selbst dann, wenn es Hindernisse und Widerstände zu überwinden gilt. Mut schafft die Voraussetzung, für Veränderungen bereit zu sein, und sie selbst dann, wenn sie nicht gewünscht sind, als Chancen und Möglichkeiten zu erkennen.

Das bewusste Eingehen eines kalkulierbaren Risikos hilft dir, Zweifel und Widerstände beim Verfolgen eines wichtigen Zieles zu überwinden. Auch über die eigenen inneren oder die von außen gesetzten Grenzen sollten wir uns bewusst hinwegsetzen und stets neue Wege ausprobieren. Menschen, die etwas wagen und bereit sind, ein Risiko einzugehen, warten nicht auf die passende Gelegenheit, sondern erschaffen sie selbst. Eine wagemutige Person ist sich der Risiken bewusst, hält jedoch dennoch an ihrem Entschluss fest. Sie ist auch bereit und willens, die Konsequenzen zu akzeptieren, wenn Dinge nicht so laufen wie geplant. Mutlos und untätig zu sein und nichts zu wagen, kann zu einem Gefühl der inneren Leere und des Bedauerns werden. Für viele Menschen ist es erfüllender, ein Risiko einzugehen und dabei auch einmal auf die Nase zu fallen, als gar nichts zu tun und es nicht einmal zu versuchen.

Vertraue auf deine Stärken, sei offen für alles Neue, und bleibe dabei stets ehrlich zu dir selbst und zu anderen. Sieh die Herausforderungen des Lebens als Chancen und nicht als Gefahren. Mache dir keine Sorgen über Zurückweisungen oder Misserfolge. Obwohl jede Veränderung Kraft in sich birgt, birgt sie natürlich auch die Gefahr des Versagens. Begrüße auch vermeintliche Fehler als wichtige Erfahrungen. Fehler verhindern nicht den Erfolg, sondern sind oftmals eine notwendige Komponente auf dem Weg zum Erfolg. Fehler helfen uns dabei, etwas anders zu machen, etwas zu verändern – ein Fehler bedarf lediglich einer Korrektur. Mutig zu sein bedeutet, die eigene Angst zu überwinden und aktiv zu handeln. Das Einzige, was dich voranbringt, ist Mut – nicht Angst, denn diese bremst dich nur aus. Entdecke und entwickle jetzt deinen Mut, und lasse dich nicht aufhalten!

Herzschlüssel 6:
Entwickle deine Intuition

INTUITION

❤ ❤ ❤ ❤ ❤ ❤ ❤ ❤ ❤ ❤ ❤ ❤ ❤ ❤ ❤ ❤ ❤ ❤

Wenn wir unser Denken und unser Fühlen miteinander verbinden, sind wir an unsere Intuition angebunden – diese führt und leitet uns sicherer, als der Verstand allein es je könnte.

❤ ❤ ❤ ❤ ❤ ❤ ❤ ❤ ❤ ❤ ❤ ❤ ❤ ❤ ❤ ❤ ❤ ❤

Da wir wissen, dass die Energie stets der Aufmerksamkeit folgt, erkennen wir, dass wir unser Augenmerk bloß neu auszurichten brauchen, um Energie in unser Leben einzuladen. Viele Menschen wollen nicht mehr nur mit dem Verstand denken, sondern wieder auf ihr Herz hören. Sie haben begonnen, ihr Denken und ihr Fühlen wieder in Einklang zu bringen. Sie stellen eine Verbindung zu ihrer eigenen spirituellen Natur her und suchen, mehr denn je zuvor, die Anbindung an die Erde und mit ihr den Zugang zur Weisheit der Natur.

Jeder Einzelne von uns ist auf dem Weg. Jeder macht seine eigene individuelle Entwicklung in dem von ihm selbst gewählten Tempo durch. Wir können den Zugang zur eigenen Intuition verstärken und auf allen Ebenen unseres Seins Heilung erfahren, wenn wir das Denken und das Fühlen, das Materielle und das Spirituelle miteinander verbinden. Nur das, was wir in uns selbst heilen und was in unserem Inneren wirklich Frieden und Freiheit findet, kann sich auch im Außen verändern.

Achte stets darauf, dass deine Gedanken und deine Gefühle »JA« sagen. Nur wenn sich beide Instanzen einig sind, wirst du das empfangen, was du dir wünschst. Heile dein Herz. Lasse nicht mehr ausschließlich deinen Verstand sprechen. Höre auf die Stimme deines Herzens, und lasse deine Intuition sprechen. Denke mit deinem Herzen! Fühle mit deinem Verstand! Verbinde dich mit deinem Herzen, und erlaube ihm, die Führung in deinem Leben zu übernehmen. Der Verstand wird dann immer weniger rebellieren, und deine Intuition kann frei fließen. Folge deinem Herzen und deiner Intuition, denn beide gemeinsam geleiten dich sicherer als dein Verstand allein es je könnte.

Das
Herzresonanz-Prinzip
für Berufung & Bestimmung

*Wenn du deine wahre Berufung finden möchtest,
dann entscheide dich, sie zu finden.
Deine Seele hat eine Bestimmung
und wartet darauf,
dass du sie endlich erkennst.*

*Achte auch darauf, welchen Beruf du ausübst,
und schaue, ob du dabei Freude empfindest.
Du wirst nur dann dauerhaft gesund
und glücklich sein, wenn du eine Arbeit ausübst,
die du von Herzen gern erledigst.*

*Schaue, dass dein Beruf
deiner Berufung entspricht.
Niemals sollte er nur Mittel zum Zweck sein,
um dich am Leben zu erhalten.*

*Opfere nicht Zufriedenheit und Gesundheit
für scheinbare Sicherheit.*

Du kannst nur dann gesund bleiben,
wenn du dauerhaft das tust,
was dir Freude bereitet.

Wenn du unzufrieden mit dem bist,
was du tust, und dein Beruf
nicht deiner Berufung entspricht,
dann mache dir eine genaue Vorstellung davon,
was du stattdessen tun willst.

Erschaffe dir einen neuen Arbeitsplatz,
und wenn es deiner Seele wichtig ist,
selbstständig zu sein, dann suche das,
was du dazu brauchst,
und setze es in die Tat um.

Glaube an deinen Erfolg,
lasse alle Zweifel los,
und vertraue dem Leben.

Der Erfolg kommt automatisch,
denn er ist lediglich ein Nebenprodukt dessen,
was du von Herzen gerne tust.

Herzschlüssel 7:
Erkenne deine Vollkommenheit

VOLLKOMMENHEIT

Bereits beim Eintritt ins Leben bist du ein vollkommenes Wesen. Dein innerer Kern gleicht einem Samenkorn, und deine Lebensaufgabe besteht darin, Wachstum zu erlangen und dich zu dem einzigartigen Mensch zu entfalten, der du in Wahrheit bist.

Deine Einzigartigkeit ist gewünscht, ist gewollt – denn du bist wichtig und gut, so, wie du bist. Es geht nicht darum, zu sein wie alle anderen. Du darfst anders als deine Mitmenschen sein. Sei du selbst – einzigartig und wertvoll!

Die größte Angst der Menschen ist, die Verbundenheit zu verlieren und abgeschieden, getrennt und isoliert von den anderen zu sein. Oftmals passen wir uns den anderen an, stehen nicht zu unserer wahren Größe und zeigen auch nicht unser göttliches Licht, denn wir haben Angst, von den anderen abgelehnt zu werden. Für jedes Lebewesen in der Natur bedeutet der Ausschluss aus der Gemeinschaft, Gefahr zu laufen, alleine nicht überleben zu können. Wir alle kennen diese Urangst in uns und dürfen sie nun transformieren.

Wenn du dein Herz vollständig öffnest, kannst du die Verbundenheit zu allem, was existiert, erfahren. Fühle das Einssein mit allen Lebewesen, und betrachte alles und jeden mit den Augen der Liebe. Fange bei dir selbst an, und betrachte dich mit den Augen der Liebe! Entdecke jeden Tag mindestens zwei neue Dinge, die du an dir liebst und für die du dich selbst wertschätzt. Wenn es dir gelingt, dich selbst anzuerkennen, wirst du schnell bemerken, wie viel Freude es macht, anderen Wertschätzung und Anerkennung zu schenken. Beginne, dich selbst zu loben, und lobe andere, wenn dir auffällt, dass sie etwas Gutes getan haben. Es muss nicht immer gleich etwas Großes sein – gerade auch die kleinen Dinge des Lebens möchten beachtet werden. Siehe die Vollkommenheit in allem und jedem! Jeder darf sein, wie er ist, jeder hat das Recht, sich zu entwickeln und zu entfalten. Wenn du dir deine wahre Größe erlaubst, ermutigst du auch andere, es dir gleichzutun, und regst sie an, ihre eigene Größe zu entwickeln. Zeige deine Liebe, und trage dein Licht in die Welt – zu deinem und zum Wohle aller Wesen.

Herzschlüssel 8:
Richte dich auf die Liebe in dir selbst aus

LIEBE & MITGEFÜHL

Das Geschenk der Neuen Zeit ist, dass wir Menschen nun die Chance erhalten, uns auf die Ebene des Herzens und somit auf die Liebe in uns selbst auszurichten.

Liebe ist ein Gefühl, das wir alle in uns tragen. Und wir sind augenblicklich mit diesem Gefühl im Kontakt, wenn wir uns auf unser spirituelles Herz ausrichten. Auf der Ebene des Herzens erschaffen wir uns und unser Leben selbst. Wir dürfen uns jetzt ein neues Bewusstsein schaffen. Wir dürfen verstehen, dass wir selbst unser Schöpfer sind und dass wir die volle Verantwortung für alle unsere Gedanken, Gefühle und Handlungen tragen.

So erschaffen wir unsere eigene Realität, da alles, was wir denken und fühlen, sich in unserem Leben manifestiert.

Wenn du grundlegend negativ denkst und fühlst, kann sich demzufolge nur Negatives in deinem Leben manifestieren. Daher verändere jetzt dein Denken, und heile alle deine negativen Gefühle in dir! Wandle Spannung in Entspannung, Unachtsamkeit in Achtsamkeit, Unbewusstheit in Bewusstheit, Angst in Mut, Trauer in Freude, Enttäuschung in Verständnis, Rücksichtslosigkeit in Mitgefühl, Wut in Frieden, Ungeduld in Geduld, Verzweiflung in Vertrauen, Hilflosigkeit in Handlungsfähigkeit usw. Sende, so oft es nur geht, Positives aus, dann kann Positives zu dir zurückkommen. Sei dir gewahr, dass dein Herz und die Kraft, die von ihm ausgeht, dabei unterstützend, wie ein energetischer Verstärker, wirken. Liebe erzeugt wahres Mitgefühl, es verbindet alle Lebewesen im Universum. Nimm das Leben an, und nimm dich an, so, wie du bist. Fühle in dein Herz hinein, und spüre die lebendige Kraft, die ihm innewohnt. Wenn du in Kontakt mit der Liebe in dir bist, dann lasse sie in alle deine Gedanken und vor allem auch in deine Handlungen fließen. Entfalte alle Fähigkeiten, die die Liebe dir schenkt: Sei mitfühlend – verzeihe – sei dankbar – und vor allen Dingen lebe voller Freude jeden Augenblick deines Lebens! Du selbst bist das Leben und die Liebe. Wenn du Liebe im Herzen trägst, dann spürst du die Leichtigkeit und das Glück deines wahren Seins. Erkenne jetzt deine Göttlichkeit, und beginne zu leben und zu lieben – dich selbst und alles, was lebt!

Herzschlüssel 9:
Widme dich der Weisheit deines Herzens

WEISHEIT DES HERZENS

Alles, was ich mir aus reinem Herzen wünsche und mit meinem positiven Gefühl zu mir einlade, werde ich empfangen.

Alles, was deinem Verstand entspringt, entstammt nicht der Weisheit deines Herzens und wird dich somit nicht zu deinem gewünschten Ziel führen. Mache dir stets bewusst, dass alles, was du aussendest, immer zu dir als Urheber des Gedankens und des Gefühls zurückkehrt. Das Gesetz der Resonanz und der Anziehung zeigt, warum es wichtig ist, dass wir die Kommunikation mit unserem Herzen beginnen. Es ist nicht nur für unsere persönliche Weiterentwicklung wichtig, sondern auch für das Weiterbestehen unseres Planeten unerlässlich, dass wir mehr auf unser Herz als auf unseren Verstand hören, denn der Verstand kennt Begrenzungen – das Herz nicht. Begrenzungen sorgen dafür, dass wir uns klein und unwichtig fühlen. Wenn wir nicht lernen, Denken und Fühlen miteinander zu verbinden, dann werden wir immer der kritischen Stimme unseres Verstandes lauschen und niemals auf unser Herz und unsere Seele hören, die voller Sehnsucht darauf warten, ihre Erfüllung zu finden.

Herzschlüssel 10:
Aktiviere deine Schöpferkraft

SCHÖPFERKRAFT

*Ich bin mein eigener Schöpfer,
und ich erschaffe Gutes,
indem ich die Balance schaffe
zwischen dem, was mein
Verstand denkt, und dem,
was mein Herz fühlt!*

Achte auf alle deine Gedanken und Gefühle, denn sie werden Realität. Der gefühlte Gedanke ist mächtig, und das göttliche Bewusstsein reflektiert und manifestiert ihn. Was wir oft übersehen, ist: Wir sind Schöpfer und keine stillen Beobachter! Dennoch leben viele Menschen so, als hätten sie keinen Einfluss auf ihr Leben, als stünden sie beobachtend und abwartend neben sich selbst. Sie lassen alles geschehen und das Leben einfach so vorbeiziehen, anstatt sich verantwortungsvoll und eigenmächtig für das höchste Wohl einzubringen. Wenn wir nicht die bewussten Schöpfer unserer Gedanken und Gefühle sind, dann übernehmen unsere Vergangenheit und unsere bisherigen Überzeugungen und Muster die Gestaltung unserer Gegenwart und Zukunft. Wenn wir nicht bewusst sind, dann können wir auch keine neuen Entscheidungen treffen und keine neuen Erfahrungen machen. Wir stecken sozusagen in negativen Erfahrungen der Vergangenheit fest und blockieren im gegenwärtigen Leben alles, was in der Zukunft Gutes bringen kann.

Verbinde dich mit deinem Herzen, erkenne dein wahres Ich, und lebe ganz bewusst dein volles Schöpferpotenzial. Vertraue dir selbst und dem ewigen Fluss des Lebens, und erschaffe Dinge aus der Energie deines Herzens heraus. Lebe und liebe dein Leben, erschaffe deine eigene Realität. Fühle Freude und Dankbarkeit, und sei stolz auf die wunderbaren Dinge, die du bislang schon erschaffen hast.

Herzschlüssel 11:
Schaffe dir ein Bewusstsein

BEWUSSTSEIN SCHAFFEN

Wann immer wir eine Veränderung in unserem Leben anstreben, ist der erste Schritt, bewusst zu werden.

Solange wir unbewusst leben, solange bestimmt das Vergangene auch unsere Zukunft. Daher bietet uns das Bewusstsein die beste Möglichkeit, etwas zu verändern. Solange du unbewusst lebst und handelst, ist eine Veränderung nicht möglich. Wann immer du also etwas in deinem Leben verändern möchtest, musst du dir im ersten Schritt deiner gegenwärtigen Situation bzw. deines gegenwärtigen Zustandes bewusst werden. Mache dir dann bewusst, welchen anderen, neuen Zustand du erschaffen möchtest. Der Grund, warum es Menschen oft jahrzehntelang oder gar ein ganzes Leben lang nicht gelingt, etwas zu verändern, liegt einzig und allein darin begründet, dass sie sich mit ihrer Lebenssituation abgefunden und arrangiert haben, anstatt einen neuen Weg für sich zu suchen. Sie haben ihr Herz verschlossen und den Verstand die Führung übernehmen lassen, um ihren Ist-Zustand ertragen zu können. Sie verharren in alten Mustern und Begebenheiten, weil sie Angst davor haben, es könnte sonst noch schlimmer kommen. Dass eine Veränderung aber einen Zustand erschafft, der besser als der vorherige ist, daran glauben die wenigsten. Wer die Erfahrung gemacht hat, dass sich Veränderungen lohnen, dass sich durch die Annahme von Schmerz und Leid das Leben positiv wandeln kann, der hat verstanden, dass Bewusstsein ein wichtiger Schritt zur Heilung ist. Das Leben kann voller Freude, Fülle, Gesundheit und Erfolg für jeden von uns sein, wenn wir lernen, unser Herz zu öffnen, und uns erlauben, neue Dinge zu erfahren. Damit sich etwas ändern kann, müssen wir jedoch zuerst eine neue Wahl treffen. Wir müssen uns bewusst machen, was wir wirklich wollen, und dann damit beginnen, die entsprechenden Maßnahmen zu ergreifen, um es aktiv in unser Leben einzuladen.

Herzschlüssel 12:
Ermächtige dich selbst, und nutze deine Macht positiv

MACHTVOLLE WESEN

Wenn ich aus dem Herzen lebe, dann begebe ich mich in meine eigene »Vollmacht« – die Macht meiner Seele, in der ich mich ihrer Weisheit und ihrer höheren Führung anvertraue.

Seit Ende 2012 befinden wir uns im Zeitalter des Wassermanns, welches auch Aquarianisches oder Neues Zeitalter genannt wird. Es umfasst in der Astrologie einen Zeitraum von ca. 2000 Jahren, der durch den Durchzug des Frühlingspunktes durch das Sternbild des Wassermanns definiert wird.

Die Aquariusära gilt als geistige Wendezeit. Der Mensch reagiert auf diese Energiewende auf drei Ebenen: der geistigen, der seelischen und der körperlichen. Das Wassermannzeitalter hält klärende, befreiende und spirituelle Möglichkeiten für jeden von uns bereit. Es ist eine Zeit der Transformation, des Nonkonformismus und des Individualismus. Toleranz, Offenheit und Freiheit werden die höchsten Werte der Menschheit werden. Nichts bleibt mehr, wie es war, alles wandelt sich. Normen und Werte wandeln sich, Machtstrukturen lösen sich auf, Hierarchien, die das Gemeinwohl missachten, brechen zusammen, alles, was verborgen war, kommt jetzt ans Licht. Die Menschen werden empfindsamer, und so können sie besser zwischen Wahrheit und Lüge unterscheiden. Auch fördert diese Zeit eine weltweite Vernetzung und schafft somit die nötige Basis, um gemeinsam die Probleme der Menschheit weltweit angehen zu können.

Im Wassermannzeitalter lernen wir, Innenschau zu halten und endlich die Verbindung zu unserem spirituellen Herzen aufzunehmen. Wir alle dürfen jetzt Heilung erfahren. Weil die Menschen sich dieser Tatsache immer bewusster werden, öffnen sie sich für die positive Macht ihres Herzens und sind bereit, das Leben in die eigenen Hände zu nehmen. Jeder Einzelne ist vollkommen an die Intelligenz und die Kraft des Universums angeschlossen. Jeder kann seine eigene Meisterschaft leben, denn wir alle können uns auf den Weg machen, um zu dem zu werden, was wir im Herzen bereits sind.

Gehe immer wieder in die Stille. Lasse alle Gedanken los, und gehe in Kontakt mit deiner Herzenergie. Tritt in den heiligen Raum deines Herzens ein. Es ist der Ort, an dem du nur noch Liebe, reines Bewusstsein und dein wahres Selbst wahrnimmst. Lasse in diesem Zustand ein Bild der Freude und Dankbarkeit entstehen. Sei bereit, in vollem Maße dem Leben zu vertrauen. Lade das Beste in dein Leben ein, und erschaffe dein Leben aus der Weisheit deines Herzens.

Das
Herzresonanz-Prinzip
für Wohlstand & Erfolg

Wenn du Wohlstand
in deinem Leben möchtest,
dann beginne, aktiv an deinem Erfolg
zu arbeiten, und sei bereit,
viel Energie und Zeit zu investieren.

Achte darauf, dass du
wahre Freude in dir trägst
bei allem, was du tust.
Du kannst nur mit dem erfolgreich sein,
was wirklich von Herzen kommt.

Mache dir deinen eigenen Wert bewusst,
und erlaube dir,
immer mehr Wohlstand und Fülle
im Ausgleich für deine Arbeit zu erhalten.

Teile mit anderen deine Weisheit.
Behalte niemals Wissen nur für dich allein,
und teile deine Erfahrung,
denn dein Wissen und deine Erfahrung
sind eine Bereicherung für andere.

Sei anderen ein Vorbild, ein Lehrer,
motiviere sie, selbstständig zu sein.
Sei ein Helfer und ein Heiler,
und biete anderen Hilfe zur Selbsthilfe.

Gönne anderen ihren Erfolg, und wünsche ihnen
von ganzem Herzen nur das Allerbeste.
Alles, was du anderen wünschst,
kommt auch zu dir selbst zurück.

Sei bereit, zu wachsen
und dich weiterzuentwickeln.
Dein innerer Reichtum wird sich
dann auch im Außen zeigen.
Wohlstand und Fülle werden sich dann
in deinem Leben manifestieren.

Herzschlüssel 13:
Löse dich von deinen Ängsten, und entwickle Vertrauen

VERTRAUEN ENTWICKELN

Ängsten und Gefühlen von Ohnmacht und Hilflosigkeit begegne ich mit *Liebe* und *Vertrauen*, um sie zu erlösen.

Menschen erwarten selten eine positive Veränderung. Sie gehen meistens davon aus, dass alles nur schlimmer werden kann. Dabei handelt es sich möglicherweise um einen Schutzmechanismus, denn wenn man bereits mit einem negativen Ergebnis rechnet, dann ist die Enttäuschung nicht ganz so groß, wenn dieses tatsächlich eintritt.

Wir täten gut daran, unsere Erwartungshaltung zu ändern. Wir müssen nichts tun, und niemand kann uns zu irgendetwas zwingen, das wir nicht tun wollen. Ein System kann uns nur so lange beherrschen, bedrohen oder einschüchtern, solange wir es dazu ermächtigen. Das heißt, solange wir in Resonanz damit gehen, egal, ob im positiven oder negativen Sinne, bleibt es bestehen. Alle Systeme, die auf Macht und Angst aufgebaut sind, verlieren ihre Kraft erst dann, wenn auf der Gegenseite keine Resonanz mehr besteht. Du kannst diesen Prozess beschleunigen, wenn du Liebe und Heilung dorthin sendest, wo Macht falsch benutzt und damit Angst erzeugt wird. Die Energie der Neuen Zeit wird jeden von uns immer mehr zu seinem wahren Kern bringen, wenn wir unser Herz öffnen und lernen zu vertrauen. Wir sind in Sicherheit, wenn wir vertrauen und auf unser Herz hören. Eine Haltung, die ich dazu entwickelt habe, lautet wie folgt: »Ich vertraue darauf, dass alle Dinge in meinem Leben nur zu meinem Besten und zu meinem höchsten Wohle passieren, auch wenn es vielleicht jetzt gerade nicht so aussieht und ich den Sinn noch nicht verstehen kann. Ich sehe in allem, was mir widerfährt, eine Lernaufgabe, und ich nehme die Herausforderung an, um mich durch jede neue Erfahrung weiterzuentwickeln. Am Ende der Lektion werde ich verstehen, wozu sie gut gewesen ist. Ich bleibe im Vertrauen und erwarte, dass meine momentane Situation einen positiven Ausgang findet.«

Herzschlüssel 14:
Pflege eine liebevolle Beziehung zu dir und anderen

LIEBEVOLLE BEZIEHUNGEN

Eine neue, liebevolle Beziehung zu mir selbst zu erschaffen bedeutet, neue, liebevolle Beziehungen im Außen anzuziehen.

Es gibt keine Trennung – alles ist eins. Sobald du verstanden hast, dass nichts in deiner Welt existent sein kann, was nicht wirklich mit dir zu tun hat, endet die Illusion der Trennung. Dann wird es keine Enttäuschung mehr darüber geben, dass etwas nicht nach deinen Vorstellungen läuft. Es werden nur noch die Dinge zu dir gelangen und in dein Leben kommen, die auf der Herz-ebene wirklich und wahrhaftig zu dir gehören, die gut und richtig für dich sind und deinem Wachstum dienen. Wenn du merkst, dass du nichts von außen und niemanden außer dich selbst brauchst, um glücklich oder vollständig zu sein, dann fängt das natürliche Leben an. Niemand außer dir selbst kann dich glücklich machen. Erwarte nicht, dass andere dich glücklich machen, sondern erschaffe dir selbst das Glück, nach dem du suchst. Wenn du eine gesunde Beziehung zu dir selbst hast, bist du auch fähig, eine gesunde Beziehung zu deiner Familie, deinem Partner, ja, zu allen Menschen und Wesen auf der Erde zu entwickeln. Vertraue darauf, dass stets die richtigen Personen in dein Leben treten, nämlich die, die dir dienlich sind und denen du dienlich sein kannst. Schaue, was du tun kannst, um liebevoll mit dir und anderen zu sein. Bedenke: Wenn es dir gut geht, dann wird es unweigerlich auch allen um dich herum gut gehen. Wenn du also gut für dich sorgst und es dir gut geht, dann kannst du diese Energie an andere weitergeben. Alle deine Beziehungen profitieren davon. Es gibt so vieles, was du tun kannst, um dir und anderen deine Liebe zu zeigen. Beschenke dich selbst damit, was du dir von anderen wünschst, und beschenke andere mit dem, was du dir selbst schenken würdest. Damit bereicherst du deine Beziehung zu dir selbst und zu anderen – und gehst in Resonanz mit der höchsten Erfüllung.

Herzschlüssel 15:
Entdecke deine Neugier und Freude auf das Leben

LEBENSFREUDE

Ein Ja zum Leben
ist gleichzeitig auch immer
ein Ja zu mir selbst!

Jeder Mensch, der eine Schwingungsveränderung in seinem Herzen bewirken kann, kommt automatisch mit der göttlichen Quelle in Berührung. Vertraue der Quelle, und vertraue dir selbst. Ein Ja zum Leben ist zeitgleich immer ein Ja zu dir selbst. Du bist jetzt eingeladen, »JA« zu sagen: Ja zum Leben, Ja zur Liebe, Ja zu dir selbst!

Wenn du Liebe und Dankbarkeit empfindest für das, was du bist und hast, kannst du gar nicht unglücklich darüber sein, was du nicht bist oder nicht hast! Richte dich daher immer darauf aus, was du dir von ganzem

Herzen wünschst. Ich möchte es gerne an einem Beispiel verdeutlichen: Wenn du dir mehr Lebensfreude wünschst, betrachte alles, was dir diese Lebensfreude schenkt. Schaue nicht auf das, was dir noch fehlt, um Lebensfreude zu erleben. Achte bewusst immer darauf, dass du dich stets auf die Fülle ausrichtest – nicht auf den Mangel. Erinnere dich an Situationen in deinem Leben, in denen du diese Lebensfreude schon einmal empfunden hast. Dann gehe ganz in dieses Gefühl hinein, und lasse dein Herz sich an diesem wunderbaren Gefühl erfreuen. Du wirst sehen, dass du, wenn du dir erlaubst, Lebensfreude im Herzen zu spüren, Menschen anziehst, die genauso »schwingen« wie du, und du Situationen kreierst, die dieses Gefühl in dir verstärken. Selbstverständlich kannst du es mit allen anderen positiven Gefühlen ebenso praktizieren. Wichtig ist, dass du das positive Gefühl so oft wie möglich in deinem Herzen wahrnehmen kannst. Nutze die Kraft deines Herzens, um noch mehr positive Gefühle, Menschen und Situationen in dein Leben einzuladen.

Herzschlüssel 16:
Erlaube dir, dich selbst zu lieben

SELBSTLIEBE

Durch die Selbstliebe löse ich alle Blockaden in mir auf – sie trägt mich zurück in die Verbundenheit mit allem Sein.

Das Herz mit seiner Fähigkeit zu lieben ist ein wahres Wunderwerk der Natur. Das Herz liebkost die Seele. Wenn du dich als wichtigen Teil der Schöpfung wahrnehmen und eine Verbindung zu allem, was existiert, herstellen kannst, dann bist du auf dem sicheren Weg, den tieferen Sinn deines Daseins zu erkennen.

Sei bereit, dich aus dem Opfer- und Mangelbewusstsein zu lösen! Mache dir bewusst, dass es dir immer nur so lange an etwas mangelt, solange du diesen Mangel mit deinen Gedanken und Gefühlen aufrechterhältst.

Verstehe, dass du der Schöpfer deines Lebens bist und du mit all deinen Gedanken und Gefühlen deine Realität bestimmst. Du bist ein machtvolles Wesen, und du verdienst es, glücklich, gesund, zufrieden und erfolgreich zu sein. Nutze die Macht deines Herzen, und stelle sie in den Dienst des großen Ganzen. Wenn du etwas zu geben hast, dann gib von Herzen. Wenn du genügend Kraft hast, dann hilf anderen. Wenn du Weisheit und Wissen besitzt, dann lehre andere. Alles, was du aus reinem Herzen gibst, kommt zu dir zurück. Entscheide dich, dem Licht und der Liebe zu dienen, und du wirst die Geschenke des Lebens in ganzer Fülle erhalten, um noch mehr Gutes zu erschaffen. Lerne, deine positive Energie zum Wohle aller weiter in der Welt zu verbreiten! Nimm dir immer wieder einen Augenblick Zeit, und sende einen liebevollen Gedanken hinaus in die Welt – das wird so viel Gutes bewirken und dir und der ganzen Menschheit zugutekommen.

Herzschlüssel 17:
Lasse Dankbarkeit ein Teil deines Leben werden

DANKBARKEIT

*Durch die Dankbarkeit
in meinem Herzen,
empfange ich noch mehr,
für das ich dankbar sein kann.*

Die wichtigsten Emotionen, die unserem Herz zugeordnet werden, sind Liebe und Dankbarkeit, denn sie sind die stärksten Kräfte im Universum. Von Herzen dankbar zu sein, ist eine wahre Liebeserklärung an dich, an andere und an das Leben selbst. Es ist mittlerweile bewiesen, dass das Gefühl der Dankbarkeit einen starken Einfluss auf unser Wohlbefinden und unsere psychische Gesundheit hat. Daher ist es besonders wichtig, dass wir immer mehr die Dankbarkeit in uns stärken. Wenn wir uns bewusst machen, wofür wir dankbar sind, dann breitet sich umgehend ein tiefes Gefühl der Zufriedenheit und Freude in uns aus. Je öfter wir Dankbarkeit empfinden, desto stärker wird der positive Effekt dieses Gefühls in uns sein. Das, was wir innen fühlen, strahlt nach außen – und die Energien, die wir aussenden, bringen genau das zurück, was wir zuvor erschaffen haben. Wenn wir Dankbarkeit in unserem Herzen fühlen, werden wir noch mehr Dinge anziehen, für die wir dankbar sein dürfen. Auch wenn du jetzt zweifelst, probiere es aus, und überzeuge dich davon, dass es stimmt!

Dankbarkeit heilt viele negative Emotionen in uns und vermindert sogar Neid. Warum Dankbarkeit das Gegenteil von Neid ist, lässt sich ganz einfach erklären: Neid entsteht aus dem Gefühl des Mangels. Dankbarkeit entsteht aus einem Gefühl der Fülle. Wenn wir neidisch auf andere sind, dann gestehen wir uns ein, dass der andere etwas hat, das wir nicht haben, aber gerne hätten. Es zeigt sich also ein Mangel in uns. Wenn wir hingegen Dankbarkeit in unserem Leben kultivieren und uns immer wieder bewusst machen, wofür wir dankbar sind, sehen und fühlen wir unsere Fülle. Mit der Dankbarkeit ziehen wir noch mehr Fülle in unser Leben, wir erhalten noch mehr, für das wir von Herzen dankbar sein können. Das müssen nicht immer nur materielle Dinge sein, es kann auch eine freundliche Begegnung, ein Akt der Nächstenliebe, ein Hilfsangebot oder etwas anderes sein. Es ist wichtig, offen zu sein für alle Geschenke, die das Leben uns ständig anbietet, diese zu erkennen und bereit zu sein, sie auch anzunehmen!

Dankbar zu sein ist etwas so Bereicherndes und Wunderbares – und es kann täglich trainiert werden. Zum Beispiel kannst du ein »Dankbarkeitstagebuch« führen, in das du jeden Tag drei Dinge schreibst, für die du von ganzem Herzen dankbar bist. Es müssen nicht immer große Dinge sein – achte vor allem auf sogenannte Kleinigkeiten, auf die scheinbar so selbstverständlichen Dinge wie ein nettes Gespräch, eine leckere Mahlzeit oder einfach den Sonnenschein. Fühle täglich, wie viel Dankbarkeit in deinem Herzen wohnt, und sei gespannt, was sie dir Gutes bringt.

Herzschlüssel 18:
Sei bereit, Vergebung zu erfahren

VERGEBUNG

Mir selbst und anderen zu vergeben, befreit mich von der Last der Vergangenheit. Sobald ich Vergebung in meinem Herzen wahrnehme, bin ich frei.

Dinge, denen wir uns widersetzen, weil sie uns unangenehm sind, bleiben bestehen. Wenn wir etwas ablehnen, verdrängen oder nicht anschauen oder fühlen wollen, kann es nicht wirklich in uns zur Ruhe kommen. Was wir jedoch bereit sind, anzuschauen und mit dem Herzen zu fühlen und anzunehmen, das darf sich integrieren und in uns einen Platz der Ruhe und des Friedens finden. Sobald wir bereit sind, etwas Ungeliebtes anzunehmen, entsteht eine heilsame Energie in uns. Wir werden vollständiger, je mehr wir bereit sind, alles, was uns begegnet, als einen Teil unseres Selbst anzunehmen.

Wenn es dir schwerfällt, anderen oder auch dir selbst zu vergeben, gehe schrittweise vor, und entwickle erst Mitgefühl mit dir selbst. Wenn du die Bereitschaft entwickelst, alle unerlösten Gefühle zu empfinden, wirst du frei davon! Erst wenn dein Herz wirklich und wahrhaftig offen ist für deine eigenen Gefühle, kannst du im zweiten Schritt Mitgefühl für andere entwickeln. Versuche zu verstehen, dass Menschen nur so handeln können, wie es ihnen zu dem jeweiligen Zeitpunkt möglich ist oder war. Schaue noch einmal das an, was dich so sehr verletzt hat. Dann sei bereit, alle Gefühle in deinem spirituellen Herzen wahrzunehmen. Heile alle deine Gedanken, und heile alle deine Gefühle in Bezug auf die vergangene Situation. Welche Gedanken hast du jetzt gerade? Welche Gefühle nimmst du jetzt wahr? Benenne jeden Gedanken und jedes Gefühl. Spüre, wo sie im Körper sitzen, atme und sende Liebe und Heilung zu dem Schmerz. Vergib jetzt all jenen, die mit deinem Schmerz zu tun haben. Vergib all jenen, die dich jemals verletzt haben. Vergib auch dir selbst, wenn du andere verletzt hast. Wenn der Schmerz vollständig transformiert ist, wirst du diese Erfahrung sogar als Geschenk erkennen können. Ein Geschenk, das ihr euch gegenseitig mit dieser Erfahrung gemacht habt, um Einsicht und Wachstum zu erlangen. Liebe, Dankbarkeit und die Fähigkeit zur Vergebung sind der Schlüssel zu Glück, Gesundheit, erfüllenden Beziehungen und Erfolg. Es sind starke, positive Energien, und wenn wir sie im Herzen tragen, geschehen tatsächlich Wunder in unserem Leben. Was wir säen, das ernten wir. Probiere es aus! Sei bereit, wo und wann immer es dir möglich ist, Frieden und Vergebung in deinem Leben zu verwirklichen. Bewusstes Mitgefühl für dich und andere, der Wunsch nach Aussöhnung und die daraus resultierende Vergebung vereinen die Energien der Herzen. Dadurch werden alte, negative Energien gereinigt, und neuer Raum wird geschaffen, in dem wir ein Gefühl von Verbundenheit, Ganzheit und Lebendigkeit entwickeln und erfahren dürfen.

Das
Herzresonanz-Prinzip
für Beziehungen & Liebe

*Wenn du die wahre Liebe
in deinem Herzen spürst,
dann bist du in deiner
Selbstliebe angekommen.*

*Du erkennst, dass du
die reine, göttliche Liebe
in dir trägst, und bist bereit,
dich anzunehmen, so, wie du bist.*

*Diese Liebe zu dir selbst
durchdringt alle Zellen deines Seins
und lässt dein inneres Licht
nach außen strahlen.*

*Die göttliche Liebe in dir
durchdringt alles, was ist,
sie führt, leitet
und schützt dich.*

Du kannst sie zu deinem Wohle
und zum Wohle anderer
in die Welt tragen,
einfach indem du andere
an *deiner Liebe teilhaben* lässt.

Dein liebendes Herz
erreicht andere Lebewesen,
und diese werden in Resonanz
zu *deiner Seelenliebe* gehen.

Auf der Seelenebene wirst du jedem
frei und wohlwollend begegnen können –
und ihr nährt euch gegenseitig
mit der *Kraft eurer Herzen.*

Herzschlüssel 19:
Erfülle dir einen Kindheitstraum

KINDHEITSTRAUM

Ich erforsche die Wünsche und Sehnsüchte meines Herzens und erfülle mir einen lang gehegten Kindheitstraum.

Sicher erinnerst du dich noch an einen intensiven Wunsch, den du als Kind hattest. Erinnere dich jetzt einmal ganz bewusst an diese Sehnsucht in deinem Herzen: Welchen Traum trugst du in deinem Herzen? Was oder wie wolltest du sein? Wie wolltest du leben? Welchen Beruf wolltest du ergreifen? Wonach hat sich dein Herz gesehnt? Wenn du dir die Sehnsucht deines Herzens heute als Erwachsener bewusst machst, dann schaue dir an, was dein Herz heute dazu fühlt. Ist noch immer eine ungestillte Sehnsucht in deinem Herzen spürbar? Mischt sich dein Verstand ein und sagt dir, dass es ohnehin nicht machbar sei? Dann gehe wieder in dein Herz, und schaue dir an, was möglich und nötig ist, um deinen Kindheitstraum jetzt zu erfüllen.

Sich mit den Träumen aus der Kindheit zu beschäftigen, kann uns bei der Entwicklung von Lebenszielen helfen und auch dabei, den Werten, die mit dem Wunsch verbunden sind, in unserem Leben mehr Raum einzuräumen. Um es an einem Beispiel zu verdeutlichen: Ich treffe viele Menschen, die seit Kindertagen den Wunsch in sich hegen, ein eigenes Pferd zu besitzen. Es ist der gleiche Kindheitstraum, den auch ich in meinem Herzen trug, bis ich ihn mir mithilfe meiner Familie nach 35 Jahren erfüllen konnte – von daher kann ich diese Sehnsucht sehr gut nachempfinden. Aber genau um diese tiefe Sehnsucht des Herzens geht es. Wenn ich Menschen frage, was für Werte und Bedürfnisse mit ihrem Kindheitstraum zusammenhängen, dann kommen meist Vorstellungen von purem Glück, von Freude und Dankbarkeit zum Vorschein. Und genau darum geht es doch in unserem Leben! Auch wenn sich mancher Kindheitstraum vielleicht augenscheinlich nicht erfüllen lässt, sollten wir ihn nicht vergessen, ihn nicht ad acta legen. Vielleicht können wir ihn teilweise erfüllen. Wenn wir uns bewusst machen, welches grundsätzliche Bedürfnis dem Traum zugrunde liegt, dann können wir schauen, was es noch gibt, das dieses Bedürfnis stillen könnte. Um noch einmal auf das Beispiel Pferd einzugehen: Es muss ja auch nicht gleich das eigene Pferd sein, aber der Wunsch, mit Pferden Kontakt zu haben, kann auf vielerlei Arten erfüllt werden – von einer Reitbeteiligung bis zu ehrenamtlicher Arbeit auf einem Gnadenhof. Es geht darum, sich zu erlauben, einen Weg zu finden, der Sehnsucht seines Herzens zu folgen, und sich seine eigenen Herzenswünsche zu erfüllen.

Herzschlüssel 20:
Werde wahrhaftig, und zeige dich, wie du bist

WAHRHAFTIGKEIT

Meine wahren Gefühle zu spüren bedeutet, meine innere Wahrheit anzunehmen! Ich verströme die Kraft meines Herzens und zeige mich der Welt so, wie ich bin!

Sei, wer du wahrhaftig bist. Alles ist möglich, wenn du wahrhaftig lebst! Wir geben oft vor, jemand zu sein, der wir in Wahrheit gar nicht sind, um Anerkennung und Liebe zu erhalten. Wir verstellen uns, weil wir meinen, nur so die Zuneigung und das Vertrauen von anderen zu erlangen. Wir benutzen Unwahrheiten, die wir gerne mit »Notlüge« betitelt, um den anderen vermeintlich zu schonen oder ihn vor einer Enttäuschung zu bewahren. Doch wir setzen so nicht nur unsere Glaubwürdigkeit aufs Spiel, sondern riskieren auch, das Vertrauen des anderen zu verlieren, wenn die Wahrheit ans Licht kommt. Wir verheimlichen Wahrheiten, Gedanken, Gefühle, Verhaltensweisen und mögliche negative Charaktereigenschaften, weil wir glauben, dass sie dem anderen missliebig sein könnten. Wir haben Angst, die Nähe und Zuwendung des anderen zu verlieren. Aber gerade die Erschaffung und Darstellung eines falschen Selbst mündet in Ablehnung und Trennung. Denn sobald das falsche Selbst vom anderen durchschaut wird, kommt es zu einem Bruch auf der Beziehungsebene. Das für die Beziehung unabdingbare gegenseitige Vertrauen wird erschüttert und verletzt.

Wenn du wahrhaftig bist, dann versteckst du dich und deine Gefühle nicht mehr hinter einer Maske. Du bist authentisch und zeigst dich und deine Gefühle so, wie sie in Wahrheit sind. Du erlaubst dir, zu sagen, was du denkst und fühlst. Wenn du zu deiner Wahrheit stehst, dann findest du auch immer die angemessenen Worte, ohne den anderen zu kränken oder zu verletzen. Wenn du achtsam bist und so handelst, wie es deinem gegenwärtigen Denken und Fühlen entspricht, dann bleibst du dir selbst treu und kannst zu all deinen Taten stehen. Deine Wahrhaftigkeit zu leben bedeutet, die volle Verantwortung für dich, deine Gefühle, deine Worte und deine Handlungen zu übernehmen. Wenn du deine Sensibilität, dein Einfühlungsvermögen, deine Rücksichtnahme und dein Verständnis für den anderen entwickelst, dann kannst du deine eigenen Gefühle immer mit den Empfindungen des anderen verbinden. Es ist erstrebenswert und schön, für das geliebt zu werden, was du bist – nicht für das, was du zu sein vorgibst!

Herzschlüssel 21:
Entdecke dein kreatives Selbst

KREATIVES SELBST

Die Pforte zu meinem wahren Potenzial ist mein Herz. Ich entdecke meine Kreativität und bringe meine schöpferischen Talente jetzt frei zum Ausdruck.

Der Weg, dein kreatives Selbst zu entwickeln, beginnt, wenn du bereit bist, dich all deinen verborgenen und unterdrückten Gedanken und Gefühlen, deinen Wünschen und Ängsten zu öffnen. Denn nur wenn wir Bewusstheit erfahren und uns frei machen von allen Begrenzungen und Blockierungen, können wir unser wunderbares Potenzial entdecken. Wenn wir im Geiste still werden und uns auf unser Herz besinnen, dann wird im Moment des meditativen Daseins ein Bewusstsein entstehen, und wir erfahren, wer wir wirklich sind. In der Energie unseres Herzraumes spüren wir unseren Selbstwert und kommen mit der kreativen Lebensenergie in Kontakt. In der Tiefe dieses Seinszustandes ändern sich unser Erleben und unser Verstehen, und wir beginnen, unser wahres Wesen mitsamt seines kreativen Potenzials zu entdecken. Auch du bist ein Künstler oder ein Erfinder! Kreativität ist uns angeboren, und somit können wir Kontakt zu unserem kreativen Selbst herstellen. Die Hirnforschung weiß mittlerweile, dass jeder Mensch kreativ sein kann, wenn er beim schöpferischen Tun verschiedene Stadien durchläuft. Die wichtigste Voraussetzung für die Kreativität ist die schöpferische Entspannungspause, in der die Idee zunächst geboren wird. Künstler, Erfinder und andere kreative Menschen berichten alle, dass sie während ihres Erschaffens in eine Art »Flow« geraten, der sie Zeit und Raum vergessen lässt. Aber sie berichten auch, dass sie immer wieder an einen Punkt kommen, an dem sie spüren, dass sie eine Pause einlegen müssen, weil der Flow nicht mehr da ist. Das Erschaffen wird dann zäh, gestaltet sich schwierig, und das freudige Tun verliert seine Leichtigkeit.

Um deine schöpferischen Talente zu entdecken, begib dich in dein Herz. Lasse dort deine kreative Idee entstehen. Was wolltest du schon immer tun? Vielleicht wolltest du schon immer schreiben, malen, basteln oder etwas bauen – lasse vor deinem geistigen Auge ein Bild dazu entstehen, und finde einen Weg, wie du es in der Realität umsetzen kannst. Lasse dich von deiner kreativen Idee durch nichts und niemanden abbringen, bleibe ganz bei dir, und entwickle Ausdauer und Mut zum Risiko. Spüre bereits, bevor du beginnst, die unbändige Freude deines kreativen Selbst, und stelle dir vor, wie es sein wird, wenn du vor deinem vollendeten Werk stehst und es voller Stolz betrachtest.

Herzschlüssel 22:
Nähre dein Inneres Kind

INNERES KIND

*Ich nähre mein Inneres Kind
mit allem, was es braucht,
und gebe ihm jetzt das, was es
sich schon so lange von Herzen
wünscht! Ich sage ihm, dass
es stets das Beste verdient!*

In uns allen existiert ein Inneres Kind. Dieser kindliche Anteil hat viele positive Facetten und Eigenschaften wie beispielweise Spontanität, Begeisterungsfähigkeit, Staunen, Neugier, Lebendigkeit und auch die Fähigkeit, ganz in der Gegenwart zu sein. Diese Aspekte des Inneren Kindes treten, wenn wir erwachsen werden, leider nicht mehr so häufig in Erscheinung. Wir können diese Eigenschaften sogar ganz verlieren, wenn diese bereits in der Kindheit nicht ausreichend Ausdruck finden durften. Im Laufe unseres Lebens verlieren wir oft den Kontakt zu unserem Inneren Kind und geben ihm dann nicht mehr das, was es sich wünscht. Die Bedürfnisse unseres Inneren Kindes werden dann nicht gesehen, und so fühlt sich dieser kindliche Anteil in uns alleingelassen, vernachlässigt oder missachtet. Menschen, die zu früh oder zu viel Verantwortung übernehmen mussten, oder Menschen in Führungspositionen schenken dem Inneren Kind oftmals nicht genug Aufmerksamkeit und Raum, seinen Bedürfnissen zu folgen. Auch Menschen, die aufgrund schwieriger Lebensumstände schnell erwachsen werden mussten, sind vom Inneren Kind oftmals abgetrennt. Wir können es uns wie einen verlorenen Seelenanteil vorstellen, der zwar noch mit uns verbunden, aber nicht im Frieden ist.

Wenn wir nicht in Kontakt mit dem Inneren Kind sind, seine Bedürfnisse unerfüllt bleiben, kann es passieren, dass sich dieser kindliche Anteil auf eine belastende Art und Weise zeigt. Die unerlösten Emotionen und Verletzungen des Inneren Kindes zeigen sich beim erwachsenen Menschen in Form von großen Verlustängsten, dem starken Verlangen nach Anerkennung und Lob, der tiefen Sehnsucht nach Sicherheit und Geborgenheit, großer emotionaler Bedürftigkeit usw. Wenn wir mit unserem Inneren Kind nicht im Einklang sind, dann fühlen wir uns verstärkt auf andere angewiesen, fühlen uns gebunden und abhängig – weil wir spüren, dass wir uns selbst nicht das geben und damit nähren, was wir uns von Herzen wünschen. Anstatt die Bedürfnisse unseres Inneren Kindes wahrzunehmen und sie zu erfüllen, verlangen wir von unserem Partner, der Familie, den Freunden, den Kollegen oder dem Chef, das Kind in uns zu trösten, zu beruhigen oder zufriedenzustellen.

Werde dir bewusst, dass alles, was du brauchst, ist in dir und in deinem Herzen ist! Gehe mit deinem Inneren Kind in Kontakt, und finde heraus, was es braucht, und schaffe dir dann die Zeit und den Raum, um es ihm zu geben. Dein Inneres Kind braucht kein Gegenüber, braucht keinen Trost von außen – es braucht nur dich, deine Aufmerksamkeit, deine Liebe und deine Verlässlichkeit. Es braucht die Gewissheit, dass du jederzeit da bist und es beschützt. Vermeide es, deinem Inneren Kind gegenüber anklagend, beschuldigend und kritisch zu sein. Erforsche stattdessen seine Wünsche und Sehnsüchte, und tue möglichst viel, was ihm Freude bereitet. Es braucht ein Zuhause in deinem Herzen.

Herzschlüssel 23:
Den Sinn des Lebens erkennen

SINNHAFTIGKEIT

Ich bin hier, um Erfahrungen zu machen und an ihnen zu wachsen! Es gibt keine Fehler – nur Lektionen! In jeder Krise sehe ich eine Chance zum Wandel.

Der Sinn unseres Erdendaseins ist es, unser wahres Selbst zu entdecken und uns in allem, was ist, zu erkennen. Wir sind hier, um unsere Liebe, unser Licht, unser grenzenloses Bewusstsein und die Weisheit unseres Herzens zu leben. Der Sinn des Lebens besteht darin, sich zu einem intelligenten und schöpferischen Wesen zu entwickeln. Wir erfahren schon im Mutterleib Wachstum und Verbundenheit und streben unser ganzes Leben danach. Wir möchten uns entwickeln und uns dabei mit anderen verbunden fühlen. Wir sammeln Erfahrungen und wachsen an ihnen. Daher können wir sagen, dass alles, wirklich alles, was uns passiert, uns auch immer nutzt – auch dann, wenn wir es nicht gleich erkennen. Wir können aus allem etwas lernen.

Wenn wir Neugier und Offenheit entwickeln, dann sind wir aufgeschlossener gegenüber neuen Erfahrungen. Wenn wir in der Vergangenheit Negatives erlebt haben, ist es hilfreich, die Kraft unseres Herzens zu nutzen, um uns wieder neu dem Leben zuzuwenden. Uns dessen bewusst zu werden, was uns nicht guttut, ist der erste Schritt zur Heilung, uns bewusst zu machen, was uns guttut, der zweite. Wenn wir bereit sind, Altes loszulassen und uns für neue Ziele zu öffnen, kann ein Wandel zum Positiven geschehen.

Das
Herzresonanz-Prinzip
für Gesundheit & Heilung

Wenn du Heilung für Körper,
Geist und Seele erfahren möchtest,
dann beginne, dich als ganzheitliches
Wesen zu betrachten.

Gesundheit ist der Zustand,
den du erfährst, wenn du auf
allen Ebenen deines Seins
in Harmonie und Einklang lebst.

Lerne, deinen Körper zu achten,
führe ihm gesunde Nahrung zu,
vermeide Stress, und gönne dir
ausreichend Schlaf und Zeiten
der Ruhe, Innenschau und Entspannung.

Achte darauf, deinen Geist zu schulen
und deine Gedanken zu klären,
denn sie bestimmen alle deine
Gefühle und Handlungen.

Deine Seele möchte sich entfalten
und ihr inneres Licht in die Welt tragen.
Sie möchte Wachstum erfahren,
ihre wahre Größe zeigen und dabei
Verbundenheit mit anderen fühlen.

Du kannst dich jederzeit
eigenverantwortlich und aktiv
um deine Heilung kümmern,
einfach indem du auf die Zeichen
von Körper, Geist und Seele hörst
und alle Ebenen in harmonischen
Einklang bringst.

Nachwort

Wir alle sind eins – und es ist kein Zufall, dass wir genau zu dieser Zeit auf der Erde sind.

Wir sind hier, um miteinander und voneinander zu lernen. Jeder kann zu diesem sagenhaften Bewusstseinswandel etwas beitragen, sonst wäre er jetzt nicht hier. Wir dürfen begreifen, dass alles, was uns widerfährt, einen Sinn hat, auch wenn wir ihn nicht auf Anhieb erkennen. Wenn wir lernen, unser Leben von einer höheren Warte aus zu betrachten, fällt es uns viel leichter, Erkenntnisse und Einsichten zu erhalten.

Meines Erachtens ist das Wichtigste, was wir jetzt lernen dürfen, dass nicht alles mit dem Verstand erklärbar ist. Menschen wollen das Leben begreifen, aber das ist nur über das Fühlen möglich. Wenn wir die Begrenzungen unseres Geistes aufgeben und bereit sind, die Kontrolle, die unser Verstand ständig übernehmen will, aufzugeben, dann können wir mehr Achtsamkeit für unsere Gefühle entwickeln und uns auf diesen Schatz im Inneren ausrichten. Wir können uns entscheiden, Unsicherheiten und Ängste gegen Vertrauen und Liebe einzutauschen – und schon während dieser Transformationszeit werden wunderbare Dinge geschehen. Als Belohnung werden wir die größten Geschenke des Lebens empfangen.

Das neue Verstehen passiert nicht mehr auf der Geistesebene, sondern wird jetzt um den Blick unseres Herzen erweitert. Beides zusammen bildet die perfekte Grundlage, um stetig unser Bewusstsein zu erweitern und die Energien in uns dauerhaft in Balance zu bringen. Dieses Gleichgewicht wirkt sich auf unseren Körper, unseren Geist und unsere Seele aus und beschert uns Gesundheit und Heilung auf allen Ebenen unseres Seins.

Danksagung

Ich danke allen von ganzen Herzen, die dazu beigetragen haben, dass dieses Buch erscheinen darf.

Auch danke ich allen, die dieses Buch gekauft haben und die Absicht und den Wunsch im Herzen tragen, sich zu entwickeln, um die Erde zu einem noch lebenswerteren Ort zu machen.

Danke, dass es dich auf dieser Welt gibt!

Die Autorin

Sandra Waldermann-Scherhak ist Heilpraktikerin Psychotherapie, Achtsamkeitspraxislehrerin und geht den bewussten Weg der spirituellen Entwicklung. Durch eine Vielzahl von Ausbildungen und Seminaren erweiterte sie stetig ihr Wissen. Seit 2008 bietet sie in ihrer eigenen Praxis Hilfe suchenden Menschen psychologisch-spirituelle Lebenshilfe an. Während ihrer Tätigkeit als Therapeutin konnte sie immer wieder die Erfahrung machen, dass Menschen im Laufe ihres Lebens zu stark im Denken verhaftet sind und dabei den Kontakt zu Ihren Gefühlen verloren haben. Die Essenz ihrer Arbeit liegt vor allem darin, Menschen zu ihrem eigenen Herzen zu führen und dort vorhandene emotionale Blockaden sanft zu transformieren. Neben Einzelsitzungen und Coachings gibt sie auch Seminare und Workshops, arbeitet erfolgreich mit Quantenheilung sowie Ho'oponopono und entwickelte eigene Ansätze zur spirituellen Herzbildung.

– ALL ARE WELCOME –
Sandra Waldermann-Scherhak
Zentrum für Achtsamkeit und Herzensbildung
Holterhöfe 15 | 47877 Willich
www.waldermann.com
www.achtsamkeits.center
Seminare und Workshops unter:
www.s-center.de